LA CLOCHE

ÉPOPÉE HÉROIQUE

En Quatre Chants,

PAR

Louis DÉPRET de Lille.

LILLE
IMPRIMERIE DE LEFEBVRE-DUCROCQ, LITHOGRAPHIE,
Place du Théâtre, 36.
1854.

LA CLOCHE

ÉPOPÉE HÉROIQUE

En Quatre Chants,

PAR

Louis DÉPRET de Lille.

LILLE
IMPRIMERIE DE LEFEBVRE-DUCROCQ, LITHOGRAPHIE,
Place du Théâtre, 36.
1854.

A Monsieur Géry LEGRAND.

Mon Très-Cher,

J'aurais désiré avant de t'envoyer ces premières épreuves, en orner le frontispice de quinze lignes de préface, ou d'un modeste avant-propos à ton adresse; je ne l'ai pas fait, notre estimable éditeur pourra t'en donner la raison. Quoiqu'il en soit, tu voudras bien agréer et recommander avec bienveillance les essais tels quels d'une muse qui t'est chère à plus d'un titre, et m'aider à remercier ceux dont la coopération empressée a été pour moi un témoignage si précieux de sympathie et de bonne amitié.

Adieu, ces vers auront rempli leur but s'ils peuvent te reporter pour quelques instants au temps heureux où commença de naître une intimité qui ne s'est jamais démentie.

Tout à toi,

Louis DÈPRET.

Août 1854.

PREMIER CHANT.

Le cœur brûlant soudain d'audace et d'énergie,
Je viens de renoncer aux pleurs de l'élégie,
Et du chantre d'Hector aux vers harmonieux,
A mon tour essayant le vol audacieux,
Oui, je veux aujourd'hui dans mon zèle héroïque,
Imiter la grandeur de l'épopée antique.
Je chante les fureurs, et Mars, et les combats,
La guerre... à ce grand mot ne vous alarmez pas.
Lecteur, je n'irai pas dans mon ardeur guerrière,
Evoquer à tes yeux les demi-dieux d'Homère,
Ils t'ont fait trop souvent, prosaïque écolier,
Hélas! à tes dépens peut-être... sommeiller.
Je n'irai pas non plus dans mes chants insipides
A l'immortalité vouer les Héraclides;
Assez d'autres sans moi, dans leurs vers languissants
Iront diviniser ces guerriers du vieux temps.
J'ai de plus hauts desseins, et chante la mémoire
D'un héros jeune encor, fils chéri de la gloire,
Qui partit courageux au milieu de la nuit
Pour abattre une cloche au monotone bruit.
En vain, pour ébranler son courage sublime,
En un songe à ses yeux le ciel ouvrit l'abîme.
En vain l'enfer, jaloux de ses nobles succès
Pensant ternir sa gloire entrava ses projets,
En vain pour l'effrayer, lui peignant les obstacles,
Le ciel multiplia de sinistres oracles,
Le héros brava tout. . mais s'il fut malheureux,
Si le succès trahit un cœur si généreux,
Son bras, de l'entreprise, aura du moins la gloire,
Son nom doit être inscrit au temple de mémoire,
Et victime des coups de l'infélicité
Possède encor des droits à l'immortalité.

Et toi, muse chérie ! ornement du Parnasse
Qui jadis inspiras l'imitateur d'Horace,
Toi, dont l'œil éblouit, dont le front gracieux
Sans cesse étincelant de joyaux précieux,
Ravis le cœur sacré par ta grâce riante,
Prête une oreille amie à ma voix suppliante.
Reine aux accords guerriers, je t'invoque à mon tour,
A mes timides vœux souris en ce grand jour.
Ah ! permets aujourd'hui que ma lyre inspirée
S'échauffant d'un rayon de la flamme sacrée,
A tout frivole chant disant un long adieu
S'anime de ta force et de ton divin feu.
Répands sur mes accords la chaleur et la vie
Que mon luth respirant la verve et l'harmonie,
D'un héros immortel célébrant la valeur
Retrace en dignes vers son glorieux malheur :

Oh ! toi qui le premier saluas leur aurore
Daigne agréer ces chants, toi, qui les vis éclore ..
Mais ces timides chants, rejetons imparfaits;
Hélas ! c'est en tremblant que je te les soumets,
Mais .. oh ! mon bien aimé, ta bonté m'encourage
Ah ! daigne aux yeux de tous en agréer l'hommage,
Du moins quand l'œil sévère, ils viendront me juger
Oui, ton regard d'ami saura m'encourager.

Ta noble capitale, oh, glorieuse Flandre !
Fut le théâtre heureux de ce qu'ils vont entendre.
Oui, c'était dans les murs d'une illustre cité
Qui doit vivre à jamais dans la postérité,
Lille, tel est le nom de la ville puissante
Qui jadis belliqueuse, aujourd'hui commerçante,
Fière de ses remparts, de ses riches bourgeois
S'engraisse sans souci des querelles des rois.
Or, vint un jour funeste à jamais mémorable,
Et que les écoliers appellent déplorable
Où les chefs du pouvoir, d'un unanime aveu
De son département la nommèrent chef-lieu.
Et dès ce jour, la ville aux antiques bannières
Brûla de s'appeler la cité des lumières,
Un lycée, oh douleur ! s'éleva dans son sein,

Là des jeunes Lillois, le malheureux essaim,
Pâlissant au milieu des versions latines,
D'un jargon inconnu cultiva les racines ; *
Peut-être en agissant ainsi, les professeurs
Voulaient nourrir en eux des goûts horticulteurs,
Je ne sais... mais hélas ! cette pauvre jeunesse
Sans nul soulagement qui calmat sa détresse
Y consumait la fleur de son triste printemps
En de mortels ennuis et de longs bâillements.

Que de fois à l'aspect d'un Virgile ou d'un maître
Ils ont maudit le jour qui les avait vu naître
Ah ! de leur triste sort, à l'avide lecteur
Retracerai-je ici l'ensemble séducteur ?
Jusque là, chers amis, quand d'un oncle ou d'un père
Nous avions encouru la terrible colère,
Contre le martinet, le ténébreux cachot,
Au désobéissant, à l'espiègle marmot,
La toge maternelle, inviolable retraite,
Présentait constamment un port dans la tempête,
Mais ici désormais sous de nouvelles lois,
De la tendre maman, l'on n'entend plus la voix,
Des farouches régents, le cœur dur et sauvage,
Ne s'en attendrit point... cruel désavantage,
Et quand il faut subir une heure de prison,
Nul recours n'est possible au maternel giron.

Ce cas particulier, source d'amères peines,
Fit éclore en cinq ans de bien sanglantes haines.
Mais ce qui, plus encor, très-indulgents lecteurs,
De mes nobles héros tourmentait les grands cœurs,
C'était le son maudit d'une cloche funeste
Présent empoisonné de la fureur céleste,
Qui dans les nuits d'hiver, brisant le doux sommeil,
Impitoyablement annonce le réveil.
Oui, c'est la cloche au cri lentement monotone
Qui, troublant le repos, chaque matin résonne
Et prolongeant, hélas ! son lamentable bruit,
Chaque jour les éveille au milieu de la nuit.

* Racines grecques.

Bercé dans les douleurs d'un calme salutaire,
Nourri, loin des combats, des fureurs de la guerre,
A peine ai-je touché mon luth débile encor
Que déjà ma faiblesse a trahi mon essor.
Ah! si de leurs transports dans un accès de zèle,
J'essayais de tracer une image fidèle,
Je ne vous offrirais qu'un crayon imparfait,
Je préfère au lecteur en exposer l'effet.

Un jour, célèbre jour, de sinistre mémoire,
Qui de leur ennemi éclaira la victoire,
C'était le lendemain, m'a-t-on dit, d'un congé,
De ce jour où chacun le cœur bien soulagé,
Secouant le fardeau de son angoisse amère,
Dit adieu, jusqu'au soir, au trop fidèle Homère,
Et délaissant gaiement le séjour des soucis,
Tout joyeux s'en retourne au paternel logis.
Le soir était venu, des muses, l'humble asile,
Le reçoit au sortir du natal domicile.
Oh ciel! pourquoi faut-il que parmi tous les jours,
Ces moments fortunés, hélas! soient les plus courts!...
Les voilà donc rentrés dans leur noble domaine,
Le cœur gros de soupirs, et la poche bien pleine
Grâce aux provisions qu'une savante main,
A l'heure du départ y sut glisser soudain.....

Chacun s'endort, le cœur palpitant de colère,
Mais jusque là, nul bruit, nul appareil de guerre.
Il suffit d'un instant... lorsque le lendemain
La cloche, devançant le lever du matin,
Par de robustes mains lourdement ébranlée,
Lançait sa monotone et lugubre volée;
Nos braves champions, d'une sainte fureur,
En se frottant les yeux, sentent brûler leur cœur,
Ils poussent un long cri de courroux unanime
Qui monte vers les cieux en un concert sublime
Et repris par cent voix, magnifique chorus!
Va de son bruit puissant frapper les airs émus.

Un Dieu caché, tout bas, leur montrant leur puissance,
Verse à flots dans leur sein, l'ardeur de la vengeance;

Il leur dit qu'il est temps d'aller le fer en main,
Redemander justice à ce maître inhumain,
Cette cloche, instrument de peines éternelles,
Et ministre sanglant de volontés cruelles,
Qui tant de fois, hélas! brisant le doux repos
Par un réveil malsain, mit le comble à leurs maux;
Il leur dit qu'il est temps de montrer un cœur ferme,
D'exiger qu'à leurs maux son trépas mette un terme
Et si, quelque renfort ne la vient secourir,
Que le jour est venu pour elle de périr.

DEUXIÈME CHANT.

C'est ainsi que le Dieu s'adresse à leur jeune âme,
Que d'un souffle il remplit de la céleste flamme,
Et chacun inspiré sort du lit en sursaut,
S'écarquille les yeux, et s'habille aussitôt;
Et bientot du dortoir descendant en tumulte,
Sur l'antique escalier, à part soi se consulte,
Et de l'étude alors, lieu d'innocents ébats,
Les verroux surannés s'ouvrent devant leurs pas.
Un d'entre eux, aussitot commence la prière,
Mais tous le cœur brûlant d'une fureur guerrière,
Oubliant d'invoquer le ciel pour ce matin,
Avec impatience en désirent la fin.....
L'étude vient alors ennuyeuse, éternelle,
Une heure... s'il en fut, heure longue et mortelle!
Ils savent cependant bien employer leur temps,
Et les provisions y passent en trois temps,
Ils gorgent de biscuits leur estomac avide,
Enfin, en moins de rien, poches, sacs,... tout est vide,
Ils ont pour un instant oublié leur malheur,
La désillusion, les rend à la douleur.
Le temps qui met à fuir une lenteur traîtresse,
Semble se réjouir de leur sombre détresse,
Enfin pour alléger leur morne affliction,
La cloche vient sonner la récréation,

Lecteurs, me croirez-vous ?... oh, terrible merveille !
En entendant ce bruit, leur haine se réveille,
Quoiqu'il annonce à tous que le moment des jeux,
Cher à leurs jeunes cœurs, va commencer pour eux.
A tel point la fureur, déesse aveugle et fière,
Sait aux cœurs qu'elle inspire enlever la lumière !
Puis vient le déjeûner, apprêté sans grand art,
D'un morceau de pain bis et de vin de canard,
Le déjeûner, Messieurs, pour les plaintives mères,
Sempiternel sujet d'angoisses bien amères,
En effet, au Lycée, hélas! assez souvent,
Le modeste repas se dévore en plein vent.
En pensers sérieux, l'heure des jeux se passe,
Et la cloche bientôt vient annoncer la classe ;
La classe, mot fatal et toujours odieux,
Que jadis ignoraient, nos innocents aïeux.
Remontons, s'il vous plaît, quelque soixante lustres,
Eussent-ils pu songer, nos ancêtres illustres,
Ces valeureux Gaulois, immortels conquérants,
Qu'un tel sort menaçait leurs pauvres descendants,
Et qu'un pédant, du haut de sa chaise currulle,
Un jour, à leurs neveux, montrerait la férule.
Le front plein de soucis, le regard affligé,
Hélas! chacun s'y rend le cœur découragé,
Mais rêvant de ces maux la prochaine allégeance,
Et couvant en son sein des projets de vengeance,
Et maudissant enfin dans un transport commun,
Et la classe, et la cloche au murmure importun.

La classe alors commence, à genoux dans sa chaire,
Le mentor redouté, tout haut dit la prière ;
Bientôt se redressant de toute sa hauteur,
Satisfait, il promène un œil dominateur,
Et pareil au lion qui bondit sur sa proie,
Il respire à longs traits le carnage et la joie.
L'orgueil de ce tyran trouve un sûr point d'appui
Dans l'effroi du troupeau qui tremble devant lui....
Il renifle une prise... entr'ouvre un peu la bouche,
Prend un ample foulard, éternue..... et se mouche,
Il fixe de nouveau, le peuple des morveux :
« Recueillez les pensums, dit-il à l'un d'entr'eux :
Monsieur Géry Legrand, si j'ai bonne mémoire,

Dut copier trois fois ses deux leçons d'histoire;
Je donnais à Robin, dix fois le thême grec,
Et condamnai Dépret, aux affronts du pain sec;
Vous Desquiens qui riez, caché par trois casquettes,
Je saurai tout à l'heure à quel point vous en êtes.
Quesquière, s'il pous plaît, prenez les versions;
Mazure, apportez-moi les livres de leçons.
Mais à Paul Tripotard ai-je accordé sa grâce?
Je vous ai défendu de reparaître en classe,
A mes ordres, oh ciel! on obéit ainsi,
Voyons, sans plus tarder, Monsieur, sortez d'ici! »
— « Mais, Monsieur... » — « Ecoutez! l'insolent! il raisonne,*
Filez, Monsieur, filez... C'est moi qui vous l'ordonne?... »
Pour la première fois, à l'effrayant discours,
L'on ose riposter par des murmures sourds,
A cette voix toujours respectée et puissante,
Soudain vient de répondre une voix menaçante.
A ce bruit, le tyran pâlit, verdit, rougit;
Le premier pas est fait, de nouveau l'on mugit.
C'est ainsi qu'en la Flandre, en ces fertiles plaines,
Où la nature épand ses trésors à mains pleines,
Le bœuf que réjouit un pâturage frais,
D'un son harmonieux enchante les forêts.
Et le tyran alors pâme, admire, s'étonne;
Le bruit se renouvelle... en menaces il tonne;
Soudain croyant saisir l'auteur de ces méfaits,
Il frappe avec fureur le bois qui n'en peut mais....
Mais soudain... écoutez... comme une rumeur sombre,
Des cris séditeux ont retenti dans l'ombre :
« Le tyran! le despote! oh, le sot professeur!
Il m'a pris mon canif, dit l'un, oh le voleur! »
Et de nouveau ce front où la fureur éclate,
Passe du jaune orange, au vert, à l'écarlate.
« Comment! c'est contre moi, vils insubordonnés.
Contre moi, votre chef, vous relevez le nez!...
Craignez, craignez ce bras, instrument du supplice!
Ah, tremblez! que sur vous il ne s'appesantisse,
Et n'infligeant à tous un juste châtiment,
Laisse de mon courroux l'éternel monument;
Craignez qu'au lâche auteur de ces belles merveilles,

* Ponchard. *Dawis ou un Lâche*

Je ne mette la tête entre les deux oreilles.
Ah! tremblez... pâlissez, misérables ingrats !
Il va s'appesantir, mon redoutable bras ! »

Il dit, mais impuissant de douleur et de rage,
Ses forces tout à coup ont trahi son courage ;
Il chancelle trois fois, et sur le trône usé,
Il tombe en gémissant, de fatigue épuisé.
Son cœur bat avec bruit, et sa poitrine sue,
C'est en vain qu'il s'agite, en vain qu'il se remue...
Et cette main, hélas ! cette terrible main,
Inébranlable appui d'un pouvoir inhumain...
Et ce bras glorieux, ce bras vengeur du crime,
Se relève indécis et cherche une victime ....
. . . .
Il reste suspendu durant une heure entière !
On dit que ce jour-là, par extraordinaire,
Ce qui ne s'était vu, même aux plus grands des jours,
Les leçons, les devoirs, suspendirent leur cours.
Avec rapidité cette fois le temps passe,
Et la cloche bientôt vient terminer la classe.
Et le représentant d'un pouvoir méconnu,
En entendant ce bruit se lève tout ému ;
Il va, le cœur navré, le désespoir dans l'âme,
Raconter en pleurant l'aventure à sa femme.

Et ce premier succès avec joie accueilli,
Flatte de nos héros le cœur enorgueilli ;
Chacun tout bas, du ciel implorant l'assistance,
Se dit : elle a sonné, l'heure de la vengeance.
Et bientôt dans la cour, ces modernes Césars
Rassemblent autour d'eux leurs compagnons épars,
Demandent aux plus forts ce que bon leur en semble,
Car il faut au plus tôt se concerter ensemble,
Ils forment cent desseins en leur cœur allégé,
Pour qu'en ce jour fameux chacun d'eux soit vengé.

TROISIÈME CHANT.

Nos fougueux conjurés, sans plus long préambule,
Commencent aussitôt leur conciliabule,
D'abord, c'est un tumulte où percent à la fois
Les diapasons sourds de cent quarante voix;
Enfin, grâce à ses bras, puissance irrésistible,
Tripotard leur impose un silence paisible.
« Messieurs, que ferons-nous, dit alors l'orateur,
Car ce premier succès n'est qu'un avant-coureur;
Ce facile triomphe, assez heureux sans doute,
A de plus glorieux, nous doit ouvrir la route;
Je donne la parole à Monsieur Duverger. »
« Citoyens, s'écrie-t-il, la patrie en danger,
De vos bras courageux implorant l'assistance,
Désormais place en vous sa plus riche espérance.
Ah ! ne vous bornez pas à ces faibles succès,
Beaux triomphes de nains, misérables essais...
La Renommée enfin, de nos grands cœurs demande
Qu'à de plus hauts exploits notre valeur prétende,
Et que les traits vainqueurs d'un courage indompté,
Soient l'admiration de la postérité.
J'opine, enfin, Messieurs, que ce soir le collège
Soit par d'habiles mains mis en état de siége;
Qu'un de nous s'avançant, intrépide lion,
Jette le premier cri de la rebellion.
Accompagnant ce cri du fameux chant de guerre,
Le séculaire effroi de la vieille Angleterre,
Ce chant qui doit servir à rétablir nos rangs,
L'héroïque refrain : France, guerre aux tyrans ! »

A ce sublime trait, notre orateur s'arrête,
Regarde autour de lui; mais la foule muette
Ne semble rien comprendre à ce discours verbeux,
Regarde Duverger, l'interroge des yeux.

« Où veut-il en venir avec ces cris frivoles ?
Il faut du positif et non pas des paroles. »
Mais le grand Brizcaro s'est avancé soudain,
Un murmure flatteur gronde sur son chemin,
Et du peuple où fleurit le culte de Virgile,
C'est la plus large main, le pied le plus agile ;
C'est l'illustre guerrier, le héros de mes vers,
Le vainqueur célébré de cent combats divers.
Il paraît... on frémit ; lui, comme un astre, il brille ;
Tel jadis dans les murs de Naples la gentille,
De Mazaniello, l'œil, le geste, la voix,
Electrisaient le peuple et foudroyaient les rois.
Il agite les flots de sa brune crinière,
Rejette avec orgueil son toupet en arrière,
Il prépare aux tyrans un éternel affront,
Dix-sept printemps à peine ont passé sur son front.
Le ciel même se plût à former son courage,
Et chez lui la vertu brilla dès le jeune âge ;
Son sein brûla toujours de la soif des combats,
Et l'aspect du danger ne l'intimide pas.
A deux ans, nous dit-on, le conquérant novice,
Battait trois fois par jour sa féconde nourrice ;
Il apparaît... et tous par des cris de faveur
Ont salué l'aspect du demi-dieu sauveur.

« Jusques à quand, dit-il, misérables esclaves,
Courberons-nous le front sous d'indignes entraves ?
Nos magnanimes cœurs, cédant aux coups du sort,
N'ont-ils plus à choisir que les fers ou la mort ?
Non : Elle va sonner l'heure de la vengeance,
Amis, ouvrez vos cœurs à la douce espérance,
Le moment est venu, le ciel vous prête appui,
La vengeance est à vous... dès ce soir, aujourd'hui,
Votre bonheur, celui de vos fils, la demande,
Et le ciel l'autorise, et l'honneur la commande.
Ecrasez sous vos pieds qui veut vous outrager,
Vengez-vous, ai-je dit, mais comment vous venger ?...
Vous avez dans ces lieux une grande ennemie,
Dont vous connaissez tous la haine et l'infâmie,
La cloche.... (à ce seul mot de mille cris d'horreur
L'assemblée interrompt la voix de l'orateur).
Hé bien ! heureux amis, le doux moment approche
Où nous pourrons peut-être exterminer la cloche !...»

Transporté, l'auditoire admire stupéfait
Et crie à Brizcaro : « Comment donc, s'il vous plaît,
Parlez ? » — « Écoutez-moi, lorsque la nuit tranquille,
Aura de son silence enveloppé la ville,
Un de nous, renonçant aux douceurs du repos,
Se dévouera pour mettre un terme à tous nos maux ;
Je sais, près du grenier une case secrète,
Asile ténébreux, séculaire retraite,
Et dont Cerbère et moi, connaissant le détour,
Osons seuls aborder le terrible séjour,
C'est dans ce noir réduit, dans ce poudreux asile,
Que depuis cent vingt ans gît la cloche tranquille.
Or, quand viendra la nuit, armé d'un bon couteau,
Qu'un de nous se dévoue au salut du troupeau ;
D'un pas silencieux sans crainte s'aventure
Et frappe l'ennemie en sa demeure obscure.
Oh ! quel fameux exploit est commis à son bras,
Quel fait plus glorieux que cent noble combats,
S'il vient à renverser cette cloche infernale,
D'une main criminelle invention fatale.
Et demain quand avant le lever du soleil,
Cerbère tentera de sonner le réveil....
Oh désappointement ! oh fureur ! oh risée !
A ses pieds étendue une corde brisée.....
Alors il poussera tous ses plus gros jurons,
Vouera son âme au diable... et nous, nous dormirons. »

Cette conclusion n'admettait pas réplique,
De la péroraison, l'effet fut électrique,
Et l'auditoire entier de nos jeunes héros,
Avec joie et fracas répéta ces deux mots.
Tel jadis dans les murs de la superbe Athènes,
Quand l'éloquente voix du fougueux Démosthènes
Lançait ses traits divins, ses arguments vainqueurs,
D'un noble enthousiasme il brûlait tous les cœurs.
Tel ici Brizcaro, par sa ferme éloquence,
Leur souffle en même temps l'espoir et la vengeance,
Et son courage altier et son nom glorieux,
Prônés par mille voix, montent jusques aux cieux.

Mais le calme bientôt succédant au tumulte,
Le silence renaît et chacun se consulte.

« Messieurs, s'écrie alors le fougueux orateur,
Le sort doit décider quel sera ce vainqueur,
Quel sera ce héros que l'équitable histoire
Bientôt va couronner d'une éclatante gloire.
Nos moments sont comptés ; que chacun au crayon,
Marque sur le papier son nom, prénom, surnom,
Qu'on le plie avec soin, que de suite on le jette
Dans le fond parfumé de cette ample casquette,
Et celui de ces noms qui viendra le premier
Sera l'immortel nom de cet heureux guerrier ! »

Oh crainte ! oh jalousie ! anxiété profonde !
Dans un casque d'Elbœuf sont les destins du monde !

Vingt fois on le remue, et le naïf Martin,
Sans conteste est nommé pour y plonger la main,
Il en tire un billet.... Oh terreur ! Espérance !
Chacun retient son souffle et tressaille en silence !...
. . . .
— Brizcaro ! ! s'écria Martin avec effort !....
Ce nom, redit par tous dans un commun transport,
Ramène en tous les cœurs l'espérance et la joie ;
C'est celui d'un sauveur que le ciel même envoie.
Et le nom du héros désigné pour punir,
A frappé de terreur les cloches à venir.
Chacun des conjurés, libre d'inquiétude,
Applaudit... tel jadis quand l'illustre Boirude,
Fut nommé par le sort pour abattre un lutrin,
L'on redisait en chœur les hauts faits de sa main ;
Tel quand de Brizcaro parut le nom célèbre,
De la cloche sortit un râlement funèbre ;
Le collége en pâma de bonheur... et l'écho
Répéta trente fois le nom de Brizcaro.

QUATRIÈME CHANT.

La cloche cependant, épouvante du monde,
Pousse un cri de détresse et d'angoisse profonde,
Et respirant soudain l'amertume et le deuil,
Ressemble au moribond pleurant près d'un cercueil.
Ne pouvant avertir Cerbère son doux maître,
Elle invoque l'enfer qui jadis la vit naître
Elle semble crier : A moi, satan, appui !
Car il me faut ou vaincre, ou périr aujourd'hui !
A cet appel navrant, à ce désespoir sombre
S'émurent de l'enfer les cavités sans nombre,
Et satan stupéfait, reste une heure sans voix
A l'appel suppliant de la cloche aux abois !
Mais bientôt une ardeur terrible et vengeresse
S'empare de son cœur à ce cri de détresse :
Et tous ses campagnons, les ennemis des cieux,
Marchent autour de lui, se concertent entre eux.
« Il lui faut dit satan, prêter notre assistance,
Entraver ces projets de meurtre et de vengeance,
Et contre Brizcaro, lui prêtant notre appui,
Faire bientôt tourner ses projets contre lui ;
Sans doute, il nous suffit d'un regard favorable
Pour venger notre sœur, punir un misérable,
Lorsqu'aux clartés du jour, succèdera la nuit,
Quand il marchera fier où l'orgueil le conduit,
J'enverrai Belzébuth se charger de l'affaire;
Ils se repentiront d'un désir téméraire,
S'il déclare la guerre au peuple des morveux,
Certe, ils nous paieront cher, leurs sacriléges vœux ! »

Or, quand s'accomplissait cette cruelle trame,
Le hardi Brizcaro, l'espérance dans l'âme,
S'apprêtait courageux à remplir son devoir ;
La rapide journée avait fait place au soir,
D'une oreille attentive écoutant la prière,

Chacun demande aux cieux une victoire entière;
Alors vient le souper, maigre et chétif festin,
Et bientôt du dortoir, on reprend le chemin.

Or, muni d'un couteau, d'une lanterne sourde,
De cordes, de crochets, charge utile, mais lourde,
Brizcaro, méditant ses illustres desseins,
Attend qu'en tous endroits les quinquets soient éteints.
Secondant ses souhaits, tout rentre au sein de l'ombre,
La nuit sur le Lycée étend son voile sombre,
Et lui, le cœur rempli de pensers généreux,
S'apprête à terminer son projet glorieux.

Muse ! oh si jusqu'ici d'un regard de tendresse,
Ton œil encouragea ma timide faiblesse,
Voici l'instant fameux où mon débile essor
Ne peut me soutenir, et je t'invoque encor.
Ce moment solennel où ma voix imparfaite
Va d'un noble héros célébrer la défaite,
Ah ! prête ton secours à ma tremblante voix,
Tu daignas m'abriter au foyer de tes lois,
En ce moment illustre, oh, reine du Parnasse !
J'ai besoin, plus qu'alors d'harmonie et d'audace.
Si du grand Brizcaro, redisant les hauts faits,
Tu me prêtas des vers pour vanter ses succès,
Aujourd'hui que je vais, oh douleur! infamie !
Retracer le bonheur de sa fière ennemie,
Pour immortaliser une illustre douleur,
Prête-moi des accords grands comme son malheur.

Appuyé mollement contre un pan de muraille,
Brizcaro combinait son ordre de bataille :
« Je monterai, dit-il, armé de mon flambeau,
Tenant de l'autre main, mes crochets, mon couteau ;
Je cache le flambeau, compromettant bagage,
Et j'escalade ainsi le quatrième étage.
Alors, je m'aventure en ce sombre détour,
Fermé depuis un siècle à la clarté du jour;
Et là j'attire à moi d'une main vengeresse,

Au moyen du crochet cette corde traîtresse ;
Ce fin acier tranchant ses redoutables nœuds,
Fera tomber la corde et ses lambeaux poudreux.
La cloche désormais sans appui, sans mobile,
N'est plus, grâce à mon bras, qu'un immeuble inutile,
Et Cerbère, aura beau regarder... jurer Dieu,
Le brave homme joué, n'y verra que du feu ! »

Et Brizcaro, roulant ses pensers en lui-même,
Appelait de ses vœux l'heure illustre et suprême
Où son bras réduisant la cloche sous ses lois,
S'en allait accomplir le plus beau des exploits.
Belzébuth qui veillait au salut de la cloche,
Voit d'un œil furieux que le péril approche,
Il envoie au guerrier un dangereux repos,
Et le sommeil saisit les membres du héros.
Pendant l'inaction de ce moderne Achille,
Dans un sombre recoin du ténébreux asile,
Où la cloche depuis pour le moins cent dix ans,
Jette neuf fois par jour ses refrains discordants,
Il dépose vingt rats, abominable engeance,
Auxquels il avait fait la leçon par avance.

Un demi-Dieu témoin de ce triste appareil,
Se présente au héros au fort de son sommeil :
« Brizcaro, lui dit-il, à ton bouillant courage,
L'enfer va préparer un immortel outrage ;
De sa rage terrible et féconde en forfaits,
Garde-toi de braver les dangereux effets.
Ah ! si tu connaissais les sanglantes cabales,
Qu'ourdissent contre toi les hordes infernales !....
L'enfer entier s'engage à flétrir ton honneur,
Oh ! ne t'expose pas aux coups de sa fureur ;
Obéis aux conseils de ma voix protectrice,
De ta cause, oh guerrier ! je connais la justice ;
Mais, puisque nul ici ne te peut secourir,
Soumets-toi, c'est un mal dont tu ne peux guérir.
Hélas ! par le récit de cette affreuse trame,
J'ai porté, Brizcaro, la douleur en ton âme,
Que la voix de l'espoir, au moins puisse alléger
Ce chagrin, où ton cœur, hélas ! va se plonger.

Ne t'abandonne pas à ta sombre tristesse,
Écoute ici des cieux l'éclatante promesse :
Oui, sois en assrré, dans un court avenir,
Le ciel se chargera lui-même de punir. »

Brizcaro, s'éveillant, dans cette avis fidèle,
Ne voit qu'un ennemi qui veut tromper son zèle.
Il se lève bouillant, et quatre fois maudit
Ce dangereux sommeil qui soudain le saisit,
Et sans perdre de temps, il marche plein d'ardeur,
Vers ce fatal sentier ou l'attend le malheur,
Passe auprès du dortoir... Tandis que son génie
Prépare mille affronts à la cloche punie,
Les autres conjurés, doux bruit qui le confond,
Ronflent ensevelis dans un sommeil profond.
Il regrette un instant... mais la voix du courage
Le condamne aussitôt.... Le quatrième étage
Sous son pas vigoureux à soudain retenti,
Encore quatre pas et le voilà parti.
Il approche bientôt cette sombre retraite,
En aborde l'entrée.... un court effroi l'arrête,
Qu'est-ce donc ? son cœur bat, son pied est chancelant,
Sa poitrine oppressée, et son palais brûlant.
Comme au bruit précurseur d'une affreuse tempête,
Tout son sang bouillonnant lui remonte à la tête;
Mais il repousse alors, par un geste vainqueur,
Ces honteux mouvements indignes d'un grand cœur,
Il fait deux pas encor, s'aventure avec peine
Dans la cavité noire... il retient son haleine,
Il s'apprête à saisir... dans l'ombre étend la main .
Il va frapper... mais quoi ! mais quel effroi soudain !

Son invincible main, une griffe puissante
Tout à coup la déchire... oh terreur menaçante !
Oh ciel, il a senti vingt spectres odieux,
Vingt fantômes muets invisibles aux yeux,
Sauter d'un même bond sur son noble visage;
Il ne voit, n'entend plus... un horrible nuage
L'a plongé comme au sein du lugubre tombeau,
Une force invisible éteignit son flambeau.

Puis un bruit inconnu, rumeur confuse et sombre,
A résonné soudain dans le sein de cette ombre,
Des cris sourds et perçants, un léger bruit de pas,
(Vous l'avez reconnu, c'étaient bien nos vingt rats...)
Et lui, triste jouet d'un mécompte funeste,
Il songe à cet avis d'un message céleste,
Et le cœur oppressé, le regard ébloui,
Sur un tas de poussière il tombe évanoui.
Une heure il reste ainsi sans chaleur et sans vie,
Car la vie en son sein, hélas ! s'est endormie !
Bientôt ouvrant les yeux, il se palpe en tous sens,
Il sent trotter sur lui, vingt êtres menaçants;
Il s'agite en sursaut, se relève, s'élance,
Il pousse mille cris au milieu du silence.
A cette voix sinistre, à ces cris redoublés,
Pions, Dépensier, Censeurs, sont bientôt éveillés,
Et tous bien étonnés, qu'une rumeur nocturne,
Ait brisé tout à coup leur repos taciturne,
Descendent sans songer du moins à s'habiller,
Les degrés vermoulus de l'antique escalier.

Écoutez, de rechef, au milieu des ténébres,
Ils entendent des cris, des râlements funèbres;
Ils tournent en tous sens leur seul œil entr'ouvert,
Ils regardent à terre, à droite, à gauche, en l'air,
Et dans cette appareil, notre imposant cortége
Va dans ses quatre coins visiter le collége.
Et dans le réfectoire, ainsi que dans la cour,
Ils examinent tout, jusqu'au moindre détour;
De là se dirigeant au quatrième étage....
Soudain un corps pesant s'oppose à leur passage !
Ils regardent, oh ciel! à leurs pieds étendu,
Apparaît Brizcaro, pâle froid, éperdu !
Quatre bras vigoureux l'enlèvent avec peine,
Le portent au dortoir, sans vie et sans haleine.
Là, quatre jours entiers, sa vie en grand danger,
Par ordre du docteur, l'empêcha de manger.

—

Or, c'était le matin, commençant sa carrière,
Le soleil dans les cieux, ramenait la lumière,

Dans cette même salle, où huit jours écoulés,
Sa voix électrisait cent braves assemblés;
Où naguère entouré d'un illustre auditoire,
Par avance, il prônait sa prochaine victoire,
Brizcaro sous le coup de ce fatal malheur,
Exhalait en ces mots son amère douleur :
« Oh nuit ! s'écriait-il, oh nuit terrible et sombre !
Il m'en souvient encor, je m'avançais... dans l'ombre,
Quand soudain, oh douleur ! incomparable effroi !
Un soldat de l'enfer s'est élancé sur moi;
Éloigne-toi, dit-il,.. loin d'ici téméraire,
Qui jusqu'en ma retraite oses porter la guerre...
Et soudain, chers amis, à la voix du démon,
Un voile nuageux s'étendit sur mon front,
Et je ne vis plus rien.... » Ce récit lamentable
Les fait trembler, et lui que la tristesse accable,
Sur son front pâle encor, passe une froide main,
Lève les yeux au ciel en reprenant soudain :
« Ne craignez rien pourtant, si l'aurore naissante,
Ne vous l'a pas montrée, abattue et mourante,
Si la cloche n'a pas succombé sous mon bras,
Le ciel n'en a pas moins décidé son trépas.
De sa protection en cette nuit funeste,
Ne me donna-t-il pas la preuve manifeste ?
Car vous le savez tous... au milieu de la nuit,
Nul pion n'a démêlé la cause de ce bruit,
L'on a cru que jouet d'un cauchemar terrible,
J'ai soudain du repos fui l'asile paisible;
Le ciel leur en cachant le but et la raison,
Me sauva pour le moins de cinq jours de prison.
La cloche périra, ce n'est point un mensonge,
Le ciel compâtissant me l'a promis en songe,
Faites rentrer l'espoir dans vos cœurs soucieux,
Vous ne pouvez douter des promesses des cieux,
Je vois dans l'avenir la cloche renversée
Par des sons plus guerriers noblement remplacée,
Oh ! puissions-nous alors aux yeux de l'univers
Faire oublier l'affront de ce premier revers ! »

C'est ainsi qu'il parlait, la foule stupéfaite
Gardait en l'écoutant une terreur muette,
Et déplorant l'échec de ce chef courageux,

Maudissait son destin en accusant les cieux !
« Hélas ! s'écriaient-ils, les yeux remplis de larmes,
Hélas ! si contre nous l'enfer a pris les armes,
Infortunés amis, que sert de s'irriter,
Il faut ronger son frein sans pouvoir résister.
En silence attendant ce moment favorable,
Promis à notre chef par un dieu secourable.
Ah ! qu'il vienne bientôt ce fortuné moment,
Nous annoncer la fin de notre long tourment ! »

Il se réalisa ce rêve prophétique,
Le trône fit un jour place à la république,
Et la cloche quittant son redouté séjour,
A sa place un matin vit régner un tambour.
Le cœur de nos héros, à ce bruit militaire,
Se sentit enflammé d'une valeur guerrière,
Et pendant douze jours, ce noble cœur ému
Bénissait du tambour l'inventeur inconnu.
Quand ils virent pourtant que devançant l'aurore,
Ainsi que la défunte, il les troublait encore,
Et que ce glorieux et noble changement
N'apportait à leurs maux aucun soulagement,
Pour le fier héritier de la cloche inhumaine,
A l'admiration a succédé la haine.
Mais il faut obéir sans murmurer, sinon,
Gare la retenue et gare la prison !
Aussi demandez-leur le don le plus funeste
Qu'ait fait au fils d'Adam la colère céleste,
Le plus fatal objet qu'ait vu naître le jour,
Tous ils vous répondront : La cloche ou le tambour.

ÉPILOGUE.

C'est ainsi qu'autrefois, fils de la rhétorique,
J'imitais les accords de l'épopée antique ;
Je confiais au luth le nom d'un grand guerrier,
Et couronnais son front de l'immortel laurier.
Si, dans mes quatre chants une rime manquée,
Blesse péniblement ton oreille choquée,

Si mon pâle début est d'assez triste goût,
Au poëte naissant, ah! pardonne beaucoup.
Néophyte d'hier aux chants de l'épopée,
Il faut de l'indulgence à ma muse trompée;
Tu sais bien que mon luth peu fait à ces ébats,
N'est pas accoutumé de chanter les combats;
Tu sais, cher compagnon, que ma mélancolie
Se plaît mieux aux refrains de ma morne élégie;
Toutefois aujourd'hui d'un regard complaisant,
Ami, daigne agréer ce modeste présent.

Lille. Imp. de Lefebvre-Ducrocq.

www.ingramcontent.com/pod-product-compliance
Lightning Source LLC
Chambersburg PA
CBHW070458080426
42451CB00025B/2783